Martin Parr yng Nghymru

national museum wales
amgueddfa cymru

Cyhoeddwyd gyntaf yn 2019 gan Amgueddfa Cymru, Parc Cathays, Caerdydd, CF10 3NP, Cymru.

© Amgueddfa Genedlaethol Cymru
Holl ddelweddau © Martin Parr / Magnum Photos / Oriel Rocket

ISBN 978-0-7200-0646-9

Delweddau wedi'u dewis gan: Martin Parr, Bronwen Colquhoun
Golygu a chynhyrchu: Mari Gordon
Dylunio a chysodi: Ingleby Davies Design
Argraffu: Gwasg Gomer

Clawr blaen: *Dinbych-y-pysgod, 2016*

Hoffai Martin Parr ac Amgueddfa Cymru ddiolch i'r tîm o Parrfighters yn Sefydliad Martin Parr:

Isaac Blease	Louis Little
Tom Groves	Jon McCall
Mike Hale	Alex Parkyn-Smith
Chris Hoare	Jenni Smith
Charlotte King	Nathan Vidler

Hoffem ddiolch hefyd i Magnum Photos, Oriel Rocket, Dr Paul Cabuts a David Hurn. Yn olaf, diolch i Owen Sheers am ei gyfraniad i'r gyfrol hon.

Mae'r arddangosfa wedi derbyn cefnogaeth hael Ymddiriedolaeth Colwinston gyda chefnogaeth ychwanegol gan Ymddiriedolaeth Derek Williams.

Martin Parr yng Nghymru
Owen Sheers

Nid arddangosfa am Gymru yw hon. Hynny yw, chafodd y delweddau sy'n rhan o'r arddangosfa ddim eu creu mewn ymgais i bortreadu personoliaeth y wlad. Nid ydynt yn ymgais fwriadol i ddarlunio hunaniaeth gyffredin benodol. Cefais gadarnhad o hyn yn ddiweddar wrth sgwrsio gyda Martin Parr. Dywedodd mai 'ffotograffau a dynnais dros y blynyddoedd ar y ffordd i Ddinbych-y-pysgod ac yn ôl' oedden nhw. Yn ddaearyddol, nid yw hyn cweit yn wir – o gerdded trwy'r arddangosfa neu fodio trwy'r llyfr fe welwch y canolbarth a'r gogledd – ond mae'n ddatganiad digon teg. Nid cofnod ffotograffydd sy'n chwilio am rywbeth sydd yma, ond cofnod o'r hyn a welodd wrth basio trwy Gymru ar siwrnai wahanol.

Siwrnai Martin ei hun yw honno, wrth gwrs. Gwelwn – yn ei luniau o draethau, sioeau, cymoedd a phobloedd Cymru dros y degawdau – ei reddf a'i chwaeth artistig yn mireinio a chryfhau. Wrth edrych drwy'r delweddau, mae'n anodd peidio â theimlo mai'r ffotograffydd ei hun yw'r cymeriad amlycaf; mae Cymru'n ddrych, yn adlewyrchu natur Martin Parr yn fwy na natur y genedl.

Ni ddylai hyn ein synnu. Cysondeb ei arsylliad yw un o gryfderau Martin fel ffotograffydd. Yn yr 20fed a'r 21ain ganrif, byddwn yn dadlau mai llond llaw o ffotograffwyr sydd â gwaith mor hawdd ei adnabod. Rwyf hyd yn oed wedi clywed ei arddull yn dod yn ansoddair – wrth i rywun edrych ar draeth yn yr haf neu dyrfa o bobl, a throi at eu cyfaill a dweud: 'Edrych ar hynna. Hynod o *Martin Parr*, ondyw e?'

Felly beth sy'n ysgogi'r fath ymateb i arsylliad Martin? Pam fod ei ddelweddau mor gofiadwy? Wrth galon ei waith bron bob amser mae patrymau cyffredin hamddena, ac yn fwy penodol, astudiaeth o'r ennyd fyrhoedlog honno o fewn cyd-destun gwyliau, hobi neu ddigwyddiad. Dyma sy'n mynd â'i fryd dro ar ôl tro – sut ydyn ni'n ymddwyn, yn symud ac yn dathlu yn rhydd o hualau gwaith ac amserlen, ond yn dal yn gaeth i rythmau a chonfensiynau disgwyliedig

hamddena. Dyna pam fod gwyliau'r banc, parti nos Galan, y traeth, y llecyn hardd, y pwll nofio neu'r parc yn destunau mor ffrwythlon i Martin. Dyma'r mannau sy'n denu'r lluoedd ar eu gwyliau, lle gall arsylwi ar yr unigolyn a'r dyrfa ar unwaith. Yno gall fod ar wahân ond eto'n ddigon agos i gofnodi gorfoledd a dwyster yr hyn a wnawn gydag amser a gyda'n gilydd pan ddaw cyfle i ni eu mwynhau.

Er eu bod yn llawn mynegiant, anaml y caiff yr adegau hyn eu mynegi. Cefn y gwddf, proffil ochr, y silwét a'r pen yn troi – mae Parr yn feistr arnynt. Mae persbectif o'r fath yn ychwanegu at y synnwyr o un weledigaeth sydd mewn cynifer o'i luniau – y camera fel gwyliwr hollwybodus, y llygad sy'n edrych ar yr edrychwyr, egni gweledol y lens sydd ar dân gyda chyfansoddiad yr olygfa yn hytrach nag agosatrwydd y profiad.

Prin y gwelwch chi destun lluniau Martin Parr yn edrych yn ôl ar y camera. Cywair ei ddarluniau yn amlach na pheidio yw'r testun wedi'i ddal (neu ei 'dynnu', efallai) heb yn wybod iddo. Yn ddiweddar, mae Martin wedi dechrau defnyddio lens teleffoto, sy'n cryfhau'r teimlad o arsylwi 'llechwraidd'. Câi wynebau eu cuddio am eu bod yn edrych i ffwrdd yn ei luniau blaenorol, erbyn hyn y pellter sy'n eu cuddio. Mae'r camera'n cilio, ac felly mae'r patrymau torfol yn tra-arglwyddiaethu – llinell o bobl yn ciwio am hufen iâ, ymwelwyr ar wasgar ar draeth, galarwyr yn aros am gwch. Wrth i'r camera gilio, hefyd, mae'r gofod dehongli yn culhau. Mae cyfoeth o straeon posibl ym monologau a deialogau di-eiriau ei waith agosach. Gyda phellter, fodd bynnag, mae'r straeon hynny yn ymdoddi i'r *tableaux* ehangach, gyda 'llais' y grŵp yn boddi'r unigolyn.

Mae'r tair delwedd a grybwyllir uchod yn digwydd mewn tirwedd gwbl nodweddiadol o waith Martin – traethau Prydain. Llefydd sy'n newid bob eiliad, ond wastad yr un fath; bob amser ar rhyw drothwy. Llefydd i hamddena yw traethau a threfi glan môr yn eu hanfod, felly mae'n naturiol eu bod yn dir ffrwythlon i Martin. Ond maent hefyd yn llawn o elfen arall sy'n llinyn cyson trwy waith Martin – trwy ei lens maent yn ymddangos wedi'u 'benthyg', y bobl fel pe baent yn meddiannu'r lle dros dro yn unig. Gellid dweud yr un fath am fryniau a mynyddoedd Martin, lle mae cyfosodiad y maestrefi â byd natur yn dwysáu'r nodwedd hon. Gwelir hyn yn rhai o'i olygfeydd trefol, hyd yn oed, y lluniau'n od o wag heblaw am ambell adyn unig ar ôl yn y ffrâm, yn edrych ar goll yn y bwlch rhwng uchelgais dinesig a realiti ei phrofiad.

O symud dan do, fodd bynnag, mae pobl i'w gweld yn fwy cartrefol. Ymddengys mai dyma ein cynefin naturiol, ym myd Parr. Cawodydd y pwll glo, clwb y gweithwyr, yr ymarfer côr, y briodas. Daw wynebau i'r golwg – ac i ffocws. Daw'r lluniau'n fyw, deinameg y grŵp yn rhoi rhyw egni i'r ffrâm. Serch hynny, mae Martin yn dal i greu'r argraff honno – dieithryn ar y tu mewn, pwynt llonydd yn llygad y ddrycin ddynol. Mae ei synnwyr digrifwch yn rhan fawr o'r lleoli hwn; mae'n aml yn gwawdio, ond mewn modd caredig a chariadus. Delwedd sy'n crisialu'r elfen hon, i mi, yw llaw'r cigydd yn Hwlffordd – heb gorff, yn hongian ochr yn ochr â'i nwyddau. Ond nid oes angen pobl i greu'r hiwmor hwn, bob amser, fel y gwelwn yn nehongliad direidus Martin o frîff i dynnu lluniau 'Bwyd Go Iawn'.

Gan droi ei drwyn ar holl gyfoeth cynnyrch ffres Cymru, canolbwyntiodd Martin ar 'fwyd bob-dydd', gan ddyrchafu'r cyffredin trwy agosrwydd – cacennau, ffa pob, ffagots a phys a Jammy Dodgers (heibio'u dyddiad) ar ddiwrnod marchnad. Yw'r lluniau'n nodweddiadol o gynnyrch Cymru? Go brin. Ond ydyn nhw'n cyffwrdd ar y tensiwn rhwng cynnyrch 'go iawn' a chynnyrch wedi'i brosesu, sydd mor amlwg yn ein bywydau cyfoes? Heb amheuaeth. Daw hyn â ni'n ôl i'r dechrau, mewn ffordd. Does dim byd arbennig o Gymreig am y delweddau hyn o fwyd, ond mae yna rywbeth cyfarwydd. Mae'r un peth yn wir am nifer o olygfeydd o'r tu allan yn y llyfr hwn. Lluniau o Gymru, heb fod yn arbennig o Gymreig. Pan ddaw agweddau ar genedligrwydd neu ddiwylliant penodol i'r amlwg, maent yn gyfarwydd, ond mewn ffordd wahanol. Cennin Pedr, sioeau amaethyddol, glowyr â'u hwynebau'n ddu, clybiau gweithwyr. Mae beiddgarwch i'w weld yma; hyder yn ei weledigaeth sy'n golygu nad yw'n ofni'r ystrydeb. Ond eto, gan nad yw'n fwriad ganddo i ddal hanfod y genedl, mae hynny'n teimlo'n iawn. Dyma ffotograffydd sydd ddim yn chwilio am bethau gwahanol, unigryw, ond yn hytrach y cyfarwydd; yr eiliadau a'r nodweddion a rannwn fel pobl, nid fel gwledydd.

Dyma ddull Martin, ac fe gadarnhawyd hyn pan siaradais ag ef. 'Rwyf wedi tynnu lluniau yng Nghymru, Lloegr a'r Alban,' dywedodd wrthyf, 'ac mae gwahaniaethau bychan rhwng pob un, ond yn y pendraw rwy'n eu gweld i gyd fel rhannau o'r DU.' Datganiad cibddall, gallech feddwl, yn enwedig gan rywun sydd ag edrych yn fywoliaeth iddo. Ond mae hefyd yn gyson â natur ei weledigaeth. Nid yw wedi mynd i chwilio am Gymru trwy'r delweddau hyn.

Nid yw wedi gwneud unrhyw ymgais i bortreadu ei chymeriad ieithyddol unigryw, ei harddwch naturiol, ei thlodi enbyd, ei phersonoliaeth ddeublyg fel gwlad hynafol ond eto newydd, ei thaith ddiweddar trwy ddatganoli. Dim o hyn. Beth mae wedi'i wneud yw defnyddio Cymru fel ei gynfas, fel cefndir ar gyfer ymchwil ehangach, mwy personol i gwestiynau ynghylch pwy ydym ni fel bodau dynol modern, yn symud o fewn patrymau ein bywydau, ein cymunedau a'n tirweddau. Wrth wneud hynny, a gwneud hynny heb weld ein gwlad ar adegau, mae wedi ein cynnwys fel rhan o wlad arall – gwlad Martin Parr, gyda'i holl nodweddion o hiwmor, pathos, cymuned a dynoliaeth. Ac am hynny, Martin, diolchwn i ti.

Cymru a fi
Martin Parr

Dros y blynyddoedd rwyf wedi casglu archif sylweddol o ffotograffau sy'n cofnodi bywyd yn y DU, ac o fewn y ffiniau hyn rwyf wedi ceisio archwilio'r amrywiaeth ryfeddol mewn cymunedau ac ardaloedd. Bu Cymru'n dynfa i mi erioed. A minnau'n byw ychydig filltiroedd o'r ffin ym Mryste ers dros 30 mlynedd, roeddwn yn dod i Gymru'n aml i dynnu lluniau ac i ddarlithio ar gwrs ffotograffiaeth ddogfennol enwog Casnewydd.

Tua deg mlynedd yn ôl prynais fflat yn Ninbych-y-pysgod. Rwyf wedi ymweld â'r rhan fwyaf o drefi glan môr y DU, a dyma'r harddaf ohonyn nhw i gyd yn fy marn i. Roedd hi'n braf cael treulio mwy o amser yng Nghymru. Yn Ninbych-y-pysgod y datblygwyd y syniad o dynnu lluniau o'r traeth gyda'r lens teleffoto, ac mae rhai o'r lluniau hyn yn ymddangos yn y llyfr hwn.

Dros y blynyddoedd rwyf wedi derbyn sawl comisiwn golygyddol a diwylliannol yng Nghymru. Pleser o'r mwyaf oedd cael tynnu lluniau clybiau gweithwyr Caerdydd ar gyfer Ffotogallery. Yr unig dro y bûm i lawr pwll glo dwfn oedd yng Nglofa'r Tŵr, ar gyfer cylchgrawn y *Telegraph* yn ôl yn y 1990au. Llynedd bûm yn Sioe Frenhinol

Cymru yn Llanelwedd i dynnu lluniau ar gyfer safle Magnum. Roedd maint a phwysigrwydd y sioe, a'i dathliad o bopeth 'Cymreig', yn syfrdanol.

Bob mis Awst, ar ŵyl y banc, byddaf yn ymweld â thref lan môr. Dyma sut y darganfyddais bleserau Dinbych-y-pysgod, ac rwyf hefyd wedi ymweld â'r Bermo a Llandudno. Mae'r bobl a'r llefydd hyn yn ffotogenig iawn ac mae ffrwyth llafur yr ymweliadau hynny i'w gweld yma.

Braint yw cynnal arddangosfa o'r gweithiau hyn yn Amgueddfa Genedlaethol Caerdydd, a hoffwn ddiolch i dîm brwdfrydig yr Amgueddfa, yn enwedig Bronwen Colquhoun a Lisa Edgar, am awgrymu'r peth ac am ei wireddu.

Copa'r Wyddfa, 1975

Pen y Gogarth, Llandudno, 1975

Bryniau Cymru, 1978

Blaengwynfi, 2008

Eryri, 1989

Tai *prefab*, Casnewydd, 1994

Casnewydd, 1988

Caerdydd, 2008

Caerdydd, 2008

Caerdydd, 2008

Hel cocos ar drai ym Môr Hafren, Mwmbwls, Abertawe, 1985

Parc traeth, Aberafan, Port Talbot, 1985

Gŵyl y banc, Llandudno, 2013

Pobl yn aros am gwch i'w cludo i angladd ar Ynys Bŷr, Dinbych-y-pysgod, 2011

Gŵyl y banc, Llandudno, 2013

Aberaeron, 2016

Gŵyl y banc, Llandudno, 2013

Traeth y Gogledd, Dinbych-y-pysgod, 2018

Y Bermo, 2016

Gŵyl y banc, Llandudno, 2013

Gŵyl y banc, Llandudno, 2013

Dinbych-y-pysgod, 2018

Dinbych-y-pysgod, 2016

Gŵyl y banc, Llandudno, 2013

Gŵyl y banc, Llandudno, 2013

Dinbych-y-pysgod, 2008

Y Bermo, 2018

Dinbych-y-pysgod, 2016

Dinbych-y-pysgod, 2016

Gŵyl y banc, Llandudno, 2013

Nofio ar Ŵyl San Steffan, Dinbych-y-pysgod, 2017

Aberystwyth, 2016

Clwb y Gweithwyr, Llantrisant, 2009

Sioe Sir Benfro, 2016

Ynys y Barri, 1996

Porthcawl, 2008

Sioe Frenhinol Cymru, Llanelwedd, 2018

David Price, Caerdydd, 2008

Hwlffordd, 2007

Diwrnod VE, Glynebwy, 1995

Y Fenni, 2003

Y Fenni, 2003

Y Fenni, 2008

Y Fenni, 2003

Pontypridd, 1995

Y Fenni, 2003

Aberdâr, 2008

Blaenporth, 2009

Diwrnod Oes Fictoria, Trefeglwys, 2014

Merthyr Tudful, 1995

Pont-y-pŵl, 1998

Y Gelli Gandryll, 2011

Y Fenni, 2003

Merthyr Tudful, 1995

Y Fenni, 2003

Dinbych-y-pysgod, 2008

Sioe Sir Benfro, 2016

Sioe Frenhinol Cymru, Llanelwedd, 2018

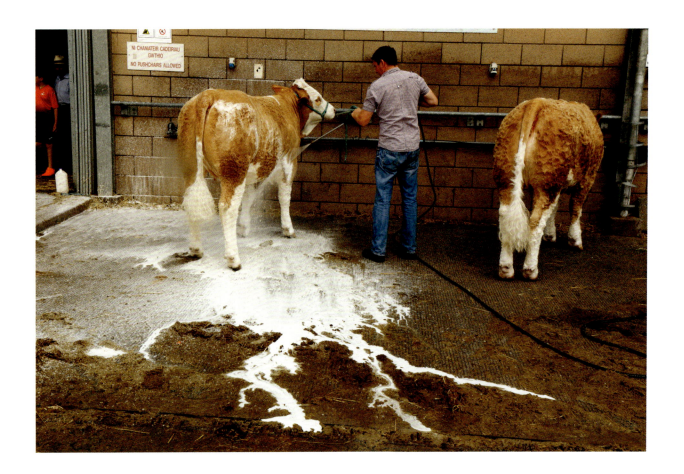

Sioe Frenhinol Cymru, Llanelwedd, 2018

Bruce Ingram a Tim Pritchard, Enillwyr Charollais, Sioe Frenhinol Cymru, Llanelwedd, 2018

Sioe Frenhinol Cymru, Llanelwedd, 2018

Clwb Rhyddfrydol Treganna, Caerdydd, 2009

Côr Meibion Llantrisant, Clwb y Gweithwyr, Llantrisant, 2009

Clwb y Gweithwyr, Llanhari, Rhondda Cynon Taf, 2009

Priodas Sikhaidd, Neuadd y Ddinas, Caerdydd, 2008

Clwb Rhyddfrydol Treganna, Caerdydd, 2009

Clwb y Gweithwyr, Llantrisant, 2009

Clwb y Gweithwyr, Llantrisant, 2009

Clwb y Gweithwyr, Llantrisant, 2009

Gŵyl y Dyn Gwyrdd, Bannau Brycheiniog, 2016

Rownd Derfynol Cwpan Heineken, Caerdydd, 2008

Nos Galan, Dinbych-y-pysgod, 2011

Nos Galan, Dinbych-y-pysgod, 2011

Noson *Northern Soul*, penwythnos Mods, Dinbych-y-pysgod, 2018

Protestwyr yn gorymdeithio yn erbyn cau'r pyllau, Morgannwg, 1993

Glofa'r Tŵr, Morgannwg, 1993

Glofa'r Tŵr, Morgannwg, 1993

Glofa'r Tŵr, Morgannwg, 1993